Les loups

Petit monde vivant

Bobbie Kalman et Amanda Bishop

Traduction : Lyne Mondor

Les loups est la traduction de The Life Cycle of a Wolf de Bobbie Kalman et Amanda Bishop (ISBN 0-7787-0687-7).
© 2002, Crabtree Publishing Company, 612 Welland Ave., St. Catherines, Ontario, Canada L2M 5V6

Catalogage avant publication de Bibliothèque et Archives Canada

Kalman, Bobbie, 1947-
 Les loups

 (Petit monde vivant)
 Traduction de: The life cycle of a wolf.
 Pour enfants de 6 à 10 ans.

 ISBN 2-89579-030-2

 1. Loup - Cycles biologiques - Ouvrages pour la jeunesse. 2. Loup - Ouvrages pour la jeunesse. I. Bishop, Amanda. II. Titre.
III. Collection: Kalman, Bobbie, 1947- . Petit monde vivant.

QL737.C22K3414 2005 j599.773 C2005-940041-2

Nous reconnaissons l'aide financière du gouvernement
du Canada par l'entremise du Programme d'aide au
développement de l'industrie de l'édition (PADIÉ)
pour nos activités d'édition.

Conseil des Arts **Canada Council**
du Canada **for the Arts**

Bayard Canada Livres remercie
le Conseil des Arts du Canada du soutien
accordé à son programme d'édition dans
le cadre du Programme des subventions globales aux éditeurs.
Cet ouvrage a été publié avec le soutien de la SODEC.
Gouvernement du Québec – Programme de crédit d'impôt
pour l'édition de livres – Gestion SODEC.

Dépôt légal – 2ème trimestre 2005
Bibliothèque nationale du Québec
Bibliothèque nationale du Canada

Direction : Andrée-Anne Gratton
Traduction : Lyne Mondor
Graphisme : Richard Bacon
Révision : Marie Théorêt

© Bayard Canada Livres inc., 2005
4475, rue Frontenac
Montréal (Québec)
H2H 2S2 Canada
Téléphone : (514) 844-2111 ou 1 866 844-2111
Télécopieur : (514) 278-3030
Courriel : redaction@bayardjeunesse.ca

Imprimé au Canada

Sur le site Internet :

Fiches d'activités pédagogiques
en lien avec tous les albums
des collections Petit monde vivant
et Le Raton Laveur

Catalogue complet

www.editionsbanjo.ca

Table des matières

Qu'est-ce qu'un loup?

Un loup est un mammifère. Un mammifère est un animal à sang chaud. Son corps reste à la même température, que l'environnement soit chaud ou froid. Tous les mammifères sont couverts de poils ou de fourrure. Un pelage épais garde le loup bien au chaud. La femelle donne naissance à des bébés complètement développés. Ils se nourrissent du lait que produit le corps de leur mère.

La famille des canidés

Les loups font partie de la famille des canidés. Les coyotes, les chacals et les chiens domestiques font aussi partie de cette famille. Il n'existe qu'une seule espèce de loup, appelée *Canis lupus*. Dans la langue courante, son nom est « loup gris » ou « loup de Timber ». Tous les loups ne sont pas pour autant identiques, tout comme les chiens d'ailleurs. Les loups vivant dans des **habitats** différents se sont transformés afin de s'adapter à leur environnement. Par exemple, les pattes du loup de l'Arctique sont plus courtes que celles du loup gris. Sa fourrure est souvent de couleur plus claire, ce qui lui permet de passer inaperçu dans son environnement enneigé.

Les parents

Le coyote, ou Canis latrans, est quelquefois appelé loup des prairies. Mais le coyote n'est pas un vrai loup. Il est beaucoup plus petit qu'un loup gris.

Les scientifiques croient que le loup roux, ou Canis rufus, est un animal **hybride**. Ses ancêtres seraient le coyote et le loup gris. Le loup roux est plus petit que le loup gris et plus gros que le coyote.

Il n'y a pas si longtemps, on croyait que le loup d'Abyssinie n'était pas un loup. Le loup d'Abyssinie, ou Canis simensis, vit dans les montagnes d'Éthiopie. Il est de la même taille que le coyote. Malheureusement, ce loup est menacé de disparition. Il ne reste probablement pas plus de 500 loups d'Abyssinie dans la nature.

Où vivent les loups?

On trouve des loups dans les parties nordiques de l'Amérique, de l'Europe, de l'Afrique, de la Russie, de l'Asie et du Moyen-Orient. Dans la nature, les loups vivent dans des habitats ou des environnements variés : dans les forêts, les déserts, les montagnes, les **plaines** et la **toundra**.

De grandes étendues, mais peu de loups

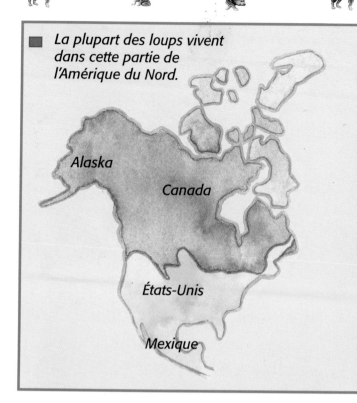

La plupart des loups vivent dans cette partie de l'Amérique du Nord.

Alaska

Canada

États-Unis

Mexique

À l'exception de l'humain, le loup était autrefois le mammifère terrestre le plus largement répandu sur la planète. En Amérique du Nord, les loups se trouvaient de l'Arctique jusqu'au Mexique. De nos jours, il y a encore des loups dans plusieurs parties de l'Amérique du Nord, mais la plupart vivent au Canada et en Alaska. Aux États-Unis et au Mexique, les populations de loups sont beaucoup plus petites. En fait, les loups sont menacés de disparition dans la plupart des régions de ces pays.

Cette carte montre l'aire de répartition des loups. Mais il ne faut pas être dupe! Dans toute cette étendue, il n'y a environ que 40 000 loups.

Par le passé, les forêts constituaient l'habitat naturel des loups. De nos jours, on ne trouve que très peu de loups dans la nature.

Dans les régions où les loups ne vivent plus dans la nature, certains vivent dans les zoos, comme on le voit ici.

La harde

Les loups vivent en groupes appelés hardes ou meutes. Les hardes sont formées de loups faisant partie de la même famille, habituellement les parents et leur progéniture. La plupart des hardes comptent six ou sept membres, mais certaines ont plus de 20 membres. Les loups d'une harde vivent ensemble et travaillent en équipe pour chasser les animaux.

Les loups dominants, montrés ci-dessus, surveillent le territoire pendant que leurs congénères, montrés ci-dessous, jouent dans la neige.

Le chef de la harde

Une harde de loups est dirigée par un couple de loups : le mâle alpha et sa compagne, la femelle alpha. Le mot *alpha* est la première lettre de l'alphabet grec et signifie « premier ». Habituellement, les loups alpha sont les seuls membres de la harde à se reproduire. Comme les loups plus jeunes sont moins influents, ils se placent sous la direction des loups alpha.

Le territoire de la harde

Une harde de loups vit dans un territoire, c'est-à-dire une étendue de terre que la harde défend. Le territoire doit être pourvu de beaucoup de sources d'eau douce et abriter suffisamment de proies pour nourrir toute la harde. Dans les endroits où plusieurs hardes vivent à proximité les unes des autres, les territoires sont plus petits. Là où les hardes sont dispersées, les territoires peuvent être immenses. Les loups marquent les limites de leur territoire en laissant des odeurs. Ils longent la lisière de leur territoire et urinent sur des objets servant de points de repère, tels que des souches d'arbre. Les loups marquent ces points de repère à répétition. Ainsi, les autres loups comprennent qu'il vaut mieux s'éloigner! Les loups ont l'odorat très développé. Ils utilisent leur odorat pour identifier le territoire des autres hardes et pour repérer les loups inconnus dans leur territoire.

Les loups se déplacent toujours en restant près d'une source d'eau, telle qu'une rivière, car ils ont besoin de boire beaucoup. Leur langue est conçue pour laper rapidement de grandes quantités d'eau.

Qu'est-ce qu'un cycle de vie?

Comme tous les animaux, le loup traverse une série de changements appelée *cycle de vie*. Le loup naît, grandit puis devient mature ou adulte. Lorsque l'animal est mature, il peut s'accoupler, c'est-à-dire engendrer sa propre progéniture. Au moment où les bébés naissent, un nouveau cycle de vie commence.

L'espérance de vie est la durée moyenne de la vie d'un animal. Dans la nature, les loups vivent habituellement environ huit ans. Exceptionnellement, certains d'entre eux peuvent vivre jusqu'à seize ans. En captivité, ils peuvent même vivre encore plus longtemps.

Le cycle de vie du loup

Le cycle de vie du loup débute avec la naissance d'un bébé, le louveteau. Les louveteaux naissent habituellement par portée de deux à sept petits. Les bébés passent les premières semaines de leur vie dans une tanière avec leur mère. Ils se nourrissent du lait que leur mère produit. Lorsqu'ils atteignent un mois, les louveteaux se joignent aux autres membres de la harde. La harde nourrit et protège les louveteaux jusqu'à ce qu'ils soient capables de se débrouiller. Certains loups restent avec la harde toute leur vie. D'autres la quittent pour se joindre à une autre harde ou pour créer leur propre harde.

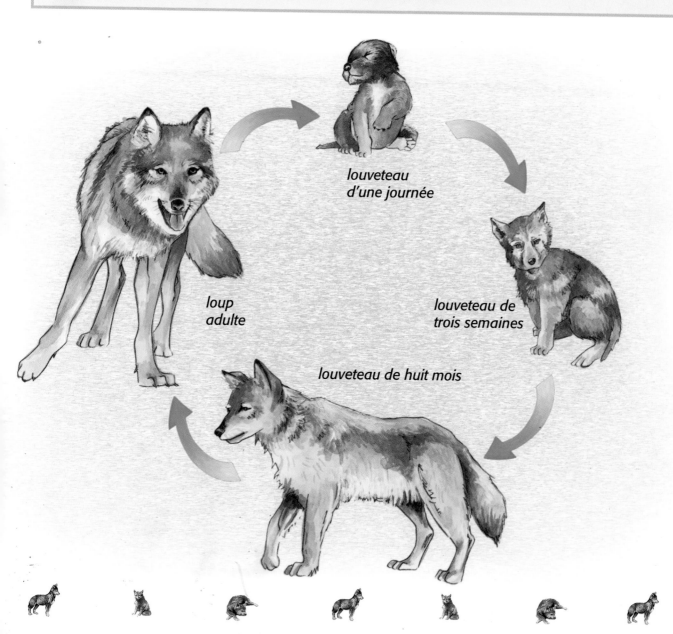

loup adulte

louveteau d'une journée

louveteau de trois semaines

louveteau de huit mois

Une nouvelle portée

Les louveteaux naissent au printemps. La **gestation**, c'est-à-dire le développement des bébés à l'intérieur du corps de la mère, dure neuf semaines. Lorsque la mère est prête à mettre bas, ou accoucher, elle se réfugie dans sa tanière. Tranquille et en sécurité, elle donne naissance à ses petits, un à la fois. Elle peut en avoir jusqu'à dix.

Les minuscules louveteaux pèsent environ 500 grammes. Ils sont aveugles et sourds, et ils ont besoin de la chaleur du corps de leur mère. Aussitôt qu'ils naissent, leur mère les lèche pour les nettoyer. Elle les dirige ensuite vers ses mamelles situées sous son abdomen. Les louveteaux commencent alors à téter le lait.

Se blottir

Durant les premières semaines de leur vie, les louveteaux ne font rien d'autre que dormir et manger. Ils restent entassés dans la tanière avec leur mère. La louve ne sort de la tanière que pour se procurer de l'eau et de la nourriture. Elle reste à proximité des louveteaux afin de les protéger et de les garder au chaud.

(ci-dessus) À deux ou trois mois, les louveteaux peuvent voir et entendre. À la naissance, leurs yeux sont bleus, mais ils deviennent jaunâtres par la suite.

Ces louveteaux sortent pour la première fois de leur tanière. Ils vont voir ce qui se passe à l'extérieur.

Se joindre à la harde

Cette louve a entraîné ses petits à l'extérieur de la tanière. Elle reste patiemment étendue pendant que les louveteaux, âgés de trois semaines, tètent son lait.

Cette femelle adulte soulève doucement un louveteau à l'aide de ses puissantes mâchoires.

Lorsque les louveteaux ont environ un mois, ils sont prêts à quitter leur tanière. Ils avancent lentement vers la sortie, où leur mère et les membres de la harde les attendent. Quand les louveteaux sortent enfin de la tanière, les autres loups les reniflent. Les membres de la harde sentent le corps des louveteaux pour les accueillir et reconnaître leur odeur.

Un effort de groupe

À partir de ce moment, toute la harde s'occupe des louveteaux. Les loups les plus âgés surveillent les **prédateurs**, comme les faucons et les aigles qui pourraient essayer d'attraper les louveteaux. Lorsque la meute part à la chasse, un loup adulte reste pour veiller sur les louveteaux. Il les protège et en prend soin.

Le lieu de rendez-vous

Lorsque les louveteaux sont âgés de huit à dix semaines, ils quittent la tanière pour de bon. Ils suivent la meute jusqu'à un endroit appelé « lieu de rendez-vous ». Cet emplacement devient leur foyer pour quelques semaines. Environ toutes les trois semaines, la meute choisit un nouvel emplacement à l'intérieur de son territoire.

La nourriture des petits

Tout en continuant à téter le lait de leur mère, les louveteaux commencent à manger de la nourriture consistante. Après un repas, les loups adultes retournent au lieu de rendez-vous. Ils régurgitent de la nourriture pour les petits, c'est-à-dire qu'ils font remonter la nourriture de leur estomac à leur gueule. Comme cette viande est partiellement digérée, les louveteaux peuvent la manger facilement. C'est aussi plus facile pour les adultes de régurgiter de la nourriture que de transporter de grosses pièces de viande pour les petits.

Lorsque les loups adultes reviennent de la chasse, les louveteaux les accueillent avec beaucoup d'empressement. Ils lèchent et mordillent le coin des lèvres d'un adulte pour lui indiquer qu'ils veulent manger.

 # Apprendre à chasser

Pendant que leur mère chasse avec la harde, les louveteaux s'amusent. Ils courent, ils se chamaillent, se pourchassent et se traquent. Ces jeux contribuent au développement de leurs habiletés et de la force dont ils auront besoin pour chasser. Lorsque les louveteaux atteignent l'âge d'environ six mois, la harde délaisse les lieux de rendez-vous. Les louveteaux doivent alors se déplacer avec la harde. Ils commencent aussi à chasser de petits animaux. Lorsqu'ils atteignent dix mois, la plupart des louveteaux sont capables de chasser avec les adultes.

Nourrir le groupe

Afin de contribuer à la survie de la harde, les louveteaux doivent devenir de bons chasseurs. Chaque louveteau développe ses propres qualités physiques, comme la capacité à courir vite ou à approcher les proies silencieusement. Les louveteaux apprennent aussi à chasser en équipe. Si les loups ne travaillaient pas en collaboration, ils finiraient par souffrir de la faim. Même les hardes expérimentées ne parviennent à capturer leur proie qu'une seule fois sur dix tentatives. Un loup adulte peut dévorer jusqu'à 14 kilos de nourriture en un seul repas, mais très souvent, il ne mange pas durant plusieurs jours.

Les loups chassent de gros mammifères, comme cet orignal, car ils sont assez gros pour nourrir tous les membres de la harde.

L'ordre hiérarchique

Les membres de la harde ne mangent pas ensemble. Les loups alpha mangent les premiers. Comme les loups alpha protègent toute la harde, ils doivent rester vigoureux et en bonne santé. Ensuite, les autres loups mangent selon leur rang, c'est-à-dire selon la place qu'ils occupent dans la harde (voir les pages 18-19).

Les loups se déplacent la tête basse en reniflant le sol afin de flairer l'odeur d'une proie.

Trouver son rang

Au sein de la harde, chaque loup occupe un rang. Le couple alpha dirige le groupe. Tous les autres membres de la meute sont **soumis** à ces loups. En seconde position se trouvent le mâle et la femelle bêta. Le dernier rang est occupé par le loup oméga. Celui-ci est souvent malmené par les autres et il est le dernier à manger. Les loups qui occupent les rangs supérieurs sont des loups **dominants**. Ils sont gros, puissants et **agressifs**. Les loups des rangs inférieurs sont des loups soumis. Habituellement, lorsqu'ils subissent un affront, ils préfèrent se retirer.

Les loups plus âgés (ci-dessus) se bagarrent afin de s'imposer, tandis que les jeunes loups (ci-dessous) jouent ensemble pour établir leur dominance.

Le louveteau « en commande »

Les louveteaux trouvent leur place en se positionnant eux-mêmes parmi les membres de leur groupe d'âge. Le rang qu'ils occupent peut changer à plusieurs reprises avant qu'ils atteignent l'âge de deux ans. À partir de ce moment, le rôle de chaque loup au sein de la meute est établi.

Dès les premiers jours dans la tanière, les louveteaux établissent leur rang. Dans la portée, un rejeton peut se montrer dominant, mais bientôt, un autre louveteau peut exercer une domination encore plus grande. Dès lors, le rang qu'ils occupent change.

Le langage des loups

Pour chasser et vivre en groupe, les loups doivent communiquer. Dès qu'ils s'intègrent à la harde, les louveteaux commencent leur apprentissage du **langage corporel**, des expressions faciales et des cris des loups. Le langage corporel permet d'envoyer plusieurs messages différents. Par exemple, les loups manifestent leur affection en se léchant ou en se mordillant réciproquement le coin des lèvres, comme ils le faisaient lorsqu'ils étaient petits. Les loups révèlent leur rang par la position de leurs oreilles et de leur queue. Le loup alpha tient sa queue haute et ses oreilles bien droites. Le loup oméga exprime sa soumission en tenant sa queue entre ses pattes et en couchant ses oreilles. Les autres loups expriment leurs relations de domination ou de soumission en plaçant leurs oreilles et leur queue dans l'une ou l'autre de ces positions.

De jeunes loups saluent un loup alpha (au centre). Ils manifestent leur soumission en adoptant une position fléchie, mais aussi en reniflant et en léchant le loup dominant.

Pourquoi cette figure triste ?

Les loups communiquent aussi une grande variété de messages avec leur figure. Certains scientifiques croient que les loups recourent à près de 20 expressions faciales ! Les loups retroussent les lèvres, montrent leurs dents, plissent les yeux et tirent même la langue pour exprimer leur humeur.

Le hurlement du loup

Le « langage » le plus impressionnant du loup est le hurlement. Les loups hurlent pour indiquer le début de la chasse, pour repérer un autre loup ou pour répondre aux hurlements d'une autre meute de loups. Chaque loup a son propre timbre de voix. Les loups sont plus doués que les humains pour reconnaître la voix des autres ! Leur voix est aussi démonstrative que leur figure. Les loups sont capables de changer la tonalité de leurs hurlements. Ils savent aussi tirer avantage de l'écho pour que leur harde semble plus imposante qu'elle l'est en réalité. Cette ruse les aide à défendre leur territoire contre les autres hardes.

Les loups émettent plusieurs sons. Tout comme les chiens, ils grognent, grondent et gémissent.

L'accouplement

Lorsque les loups deviennent des adultes, leur **instinct** les pousse à s'accoupler. Les femelles atteignent leur maturité vers l'âge de deux ans. Quant aux mâles, ils n'atteignent pas leur maturité avant l'âge de trois ans.

Le couple reproducteur

Dans la harde, un seul couple se reproduit. Le couple reproducteur est habituellement le couple alpha. Si l'un des partenaires refuse de s'accoupler, un loup bêta le remplace. Les loups reproducteurs deviennent très affectueux l'un envers l'autre. Ils passent beaucoup de temps ensemble.

La saison des amours

Les loups ne s'accouplent qu'une seule fois l'an, habituellement entre janvier et avril. Cette période s'appelle la saison des amours. Tous les loups adultes désirent alors s'accoupler, mais le couple alpha les en empêche en les intimidant ou en les menaçant. Durant cette période, les rapports sont tendus, mais tout rentre dans l'ordre lorsque la saison se termine.

La naissance des petits

Environ six semaines après le début de la gestation, la louve commence à se préparer pour la naissance de ses petits. Elle se met à la recherche d'un site pour installer sa tanière. Elle choisit un endroit sécuritaire dans le territoire de sa meute, où elle et ses petits seront bien protégés.

Le bon endroit

Le site doit être couvert et à l'abri des regards. Il doit aussi être situé à proximité d'une source d'eau. Ainsi, la mère n'a pas à s'éloigner de ses petits trop longtemps lorsqu'elle va s'abreuver.

Ces loups sont à la recherche d'un site pour leur tanière, car la femelle en aura bientôt besoin !

Creuser une tanière

Les loups installent parfois leur tanière dans des cavernes ou dans des troncs d'arbre pourris. Cependant, la plupart des tanières sont des terriers, c'est-à-dire des trous creusés dans le sol. La louve creuse un tunnel de 3 à 3,5 mètres de long. Elle aménage une ouverture juste assez grande pour que son corps puisse passer. Elle creuse une chambre pour dormir et une autre au bout du tunnel pour donner naissance à ses petits.

Un petit coup de main

À l'approche de la naissance des louveteaux, tous les membres de la harde aident la mère à se préparer. Ils enterrent des morceaux de viande près de la tanière. Grâce à cette cachette garnie de petits repas, la mère pourra renouveler son énergie le temps qu'elle restera dans la tanière avec sa portée. Après neuf semaines de gestation, la mère donne naissance à ses petits. Avec chaque louveteau, un nouveau cycle de vie commence.

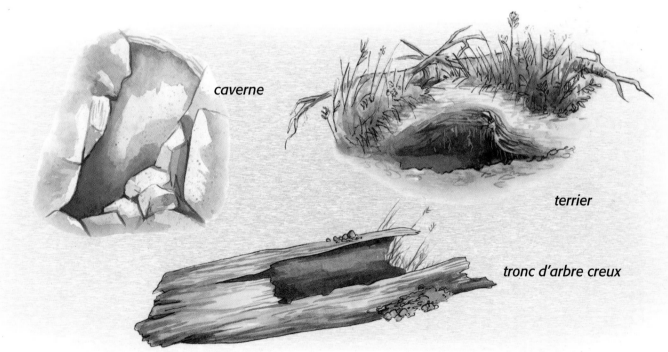

caverne

terrier

tronc d'arbre creux

Il arrive que les loups utilisent la même tanière plus d'une fois. Ils profitent aussi de terriers abandonnés par d'autres animaux.

Quitter la harde

Lorsqu'ils atteignent leur maturité, plusieurs jeunes loups quittent la harde. On les appelle les loups solitaires. Les scientifiques ne savent pas vraiment ce qui motive leur départ. Ces loups ont peut-être un si grand besoin de s'accoupler qu'ils partent à la recherche d'un partenaire. Peut-être aussi se font-ils chasser par la meute pour des raisons que les scientifiques ignorent.

En quête d'un territoire

Un loup solitaire doit quitter le territoire de sa harde et ne plus jamais y revenir ! La harde n'autorise pas un loup solitaire à rester dans les parages. Les loups solitaires doivent aussi éviter les territoires des hardes avoisinantes. Souvent, ils parcourent de grandes distances le long des **frontières** des territoires des autres meutes avant de trouver un territoire de chasse inoccupé.

Un nouveau départ

Les loups solitaires vivent et chassent seuls jusqu'à ce qu'ils rencontrent un partenaire de sexe opposé, habituellement un autre loup solitaire. Ensemble, ils peuvent devenir un couple reproducteur. Ils délimitent leur nouveau territoire et restent à l'intérieur de ses frontières. Lorsqu'ils ont leur première portée, une nouvelle meute se forme.

Les menaces pesant sur les loups

Ce sont les humains qui représentent la plus grande menace pour les loups. Lorsque les premiers colons venus d'Europe se sont installés en Amérique du Nord, il y avait des loups partout ! Les colons percevaient les loups comme un danger pour eux-mêmes et pour le bétail. C'est pourquoi ils les ont tués par centaines. Les gouvernements accordaient même une **prime** pour l'abattage de loups. Pour chaque loup abattu, les hommes recevaient une somme d'argent en récompense.

Une mauvaise réputation

De nos jours, connaissant mieux les loups, nous les craignons moins. Certaines personnes continuent pourtant de penser que les loups sont une nuisance. Plusieurs fermiers et propriétaires de ranch croient que les loups représentent un danger pour leurs animaux. Certains chasseurs sont persuadés que les loups tuent trop de gros gibier, comme les élans et les caribous. Les scientifiques ne partagent pas le point de vue de ces chasseurs. Ils pensent plutôt que les loups sont nécessaires au maintien de la santé du gibier qu'ils chassent, car ils éliminent les animaux faibles et malades.

Des loups entassés

Plus les villes s'étendent, plus l'habitat des loups devient restreint. Les loups sont alors obligés de vivre dans des espaces limités où il n'y a pas suffisamment de nourriture pour tous les animaux. Plusieurs d'entre eux sont donc affamés. Le fait de vivre entassés augmente aussi les risques de transmission de maladies. Les loups en mauvaise santé transmettent souvent des maladies aux autres animaux.

Lorsqu'une maladie se déclare, plusieurs loups peuvent mourir, particulièrement s'ils vivent dans des zones réduites.

Secourir les loups

De nos jours, plusieurs personnes prennent des mesures pour secourir les loups. Dans certaines régions, des territoires sont protégés afin de créer des réserves, c'est-à-dire des habitats affectés à la conservation des hardes de loups. Le public peut visiter ces réserves. Les scientifiques aussi aident les loups en les étudiant. Ainsi, en observant leur comportement, de même qu'en examinant leur habitat, leurs sources de nourriture et les sentiers qu'ils empruntent dans leurs déplacements, les scientifiques peuvent contribuer à la sauvegarde de ces magnifiques créatures. Ils surveillent l'état de santé des loups et peuvent combattre les maladies lorsqu'elles se déclarent.

Pour en savoir davantage

Pour contribuer à la protection des loups, il faut se renseigner le plus possible à leur sujet. Certains sites Internet fournissent des renseignements intéressants à propos des loups et des personnes qui travaillent à leur protection. Il suffit d'écrire le mot « loup » dans la fenêtre d'un moteur de recherche pour voir apparaître les sites relatifs aux loups.

Lorsque les loups sont en bonne santé et qu'ils se sentent en sécurité, ils se reproduisent. Avec l'arrivée de chaque louveteau, un nouveau cycle de vie commence !

Glossaire

agressif   Décrit un comportement menaçant et combatif

dominant   Décrit le comportement d'un animal combatif qui exerce l'autorité sur les autres

frontières   Limites séparant les parties d'un territoire avoisinant

gestation   Période pendant laquelle une femelle porte ses petits, de la conception à la mise bas

habitat   Milieu de vie naturel d'une plante ou d'un animal

hybride   Se dit d'un animal provenant du croisement d'espèces différentes

instinct   Connaissance naturelle ou désir de l'animal

langage corporel   Façon de transmettre des messages par la posture, les gestes et les expressions faciales

plaine   Étendue de terre plate contenant peu d'arbres

prédateur   Animal qui chasse d'autres animaux pour s'en nourrir

prime   Somme d'argent allouée à titre de récompense pour tuer des loups

soumis   Décrit le comportement d'un animal docile

toundra   Plaines de la zone arctique dont le sol est dépourvu d'arbres

Index